L²⁷n
23905

UN MOT

SUR

SAINT SIDOINE APOLLINAIRE

PAR

M. L'ABBÉ L.-A. CHAIX

CURÉ DE SAINT-GENÈS-LES-CARMES

CHANOINE HONORAIRE

MEMBRE DE L'ACADÉMIE DE CLERMONT.

CLERMONT-FERRAND

FERDINAND THIBAUD, LIBRAIRE

Imprimeur de Mgr l'Évêque et du Clergé.

1870.

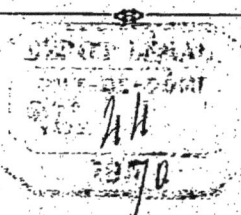

UN MOT

SUR

SAINT SIDOINE APOLLINAIRE

PAR

M. L'ABBÉ L.-A. CHAIX

CURÉ DE SAINT-GENÈS-LES-CARMES

CHANOINE HONORAIRE

MEMBRE DE L'ACADÉMIE DE CLERMONT.

CLERMONT-FERRAND

FERDINAND THIBAUD, LIBRAIRE

Imprimeur de Mgr l'Évêque et du Clergé.

1870.

UN MOT
SUR
SAINT SIDOINE APOLLINAIRE.

La mémoire et la vie d'un de nos plus illustres évêques ont été l'objet de jugements étranges, dans deux rapports d'une Commission devant laquelle avait comparu *Saint Sidoine Apollinaire et son siècle*. En y traitant, avec autant de rigueur qu'on l'a fait, le personnage qui fut une des gloires religieuses et littéraires du Lyonnais et de l'Auvergne, on n'a tenu compte ni de la vérité historique, ni du culte que notre pays professe pour ses grands hommes.

Je dois rappeler ici, pour pouvoir exprimer ma reconnaissance, les suffrages qu'ont décernés à l'Histoire de Sidoine Apollinaire, l'Académie de Clermont, le ministère de l'Instruction publique, et le Conseil général du Puy-de-Dôme. Le bienveillant accueil fait à cette œuvre par de si hautes autorités et par le public, m'a fait comprendre qu'elle devait être justifiée contre les attaques non fondées dont elle a été l'objet.

M. le comte Martha-Beker, dont le savoir est

aussi sûr qu'étendu, l'a déjà fait dans une solide réfutation. Que l'ancien président de notre Société reçoive l'hommage de ma gratitude.

Qu'on me permette, à mon tour, de réhabiliter la mémoire de l'ancien évêque d'Auvergne, et de rétablir les faits dans leur exactitude.

En relisant, à une distance de plusieurs années, *Saint Sidoine Apollinaire et son siècle*, j'ai trouvé bien des taches littéraires. Mais la certitude m'est restée que la figure morale de saint Sidoine est telle qu'elle a été dépeinte, — que je n'ai point émis des jugements téméraires sur ses œuvres, — que le grand rôle qu'il a joué méritait un récit étendu et circonstancié, — que la vérité historique est l'unique fondement de l'ouvrage où sa vie a été racontée.

En réfutant, dans ces quelques lignes, les assertions contraires, j'espère que la vérité ressortira de la discussion. Travailler à la faire prévaloir dans l'esprit de ceux qu'on est amené à combattre, n'est-ce pas leur donner une marque de son estime ?

I.

Dans un premier rapport, Sidoine Apollinaire a été accusé de violence et de brigandage. La Commission qui a entendu flétrir ainsi une mémoire chère au pays, aux lettres et à l'Eglise, a dû être surprise de ce qu'on l'ait fait dans la ville que Sidoine honora de ses vertus, et défendit contre les barbares.

Dans tous les cas, l'histoire proteste contre une telle accusation. Ce qui domine dans la vie morale de Sidoine, et ce qui constitue proprement son caractère, c'est la modération, la générosité, le dévouement dans les malheurs publics et privés. Qu'on entre dans les détails intimes de son existence, qu'on interroge les années de son épiscopat, et l'on sera convaincu de la justesse de cette assertion. Aussi, est-on étonné de voir un tel blâme infligé à sa mémoire.

Une fois, il est vrai, il fut contraint de sévir contre des fossoyeurs qui profanaient le tombeau de son aïeul : mais serait-il possible de voir un brigandage, là où les philosophes païens auraient vu un acte de piété filiale! C'est le seul acte de sévérité que nous connaissions de Sidoine Apollinaire; et, quand cet acte n'aurait pas été inspiré par une juste douleur, serait-ce une raison d'inférer qu'il était enclin à la violence et à la cruauté?

Sans doute, avant son épiscopat, Sidoine Apollinaire ne fut pas un personnage accompli. Où est la vie constamment égale en élévation, en grandeur d'âme? L'ambition perce quelquefois à travers les lettres du jeune patricien; sa muse, inconstante alors comme son caractère, se courbe devant des personnages qu'il aurait dû flétrir, et se met trop souvent au service de ceux que la fortune a élevés. Je l'ai reconnu, et j'ai ajouté que la poésie n'est jamais plus belle que lorsqu'elle garde sa liberté et son enthousiasme pour la justice et la vertu.

Il ne faut pourtant pas conclure, avec certains détracteurs de Sidoine Apollinaire, qu'il a abaissé la dignité humaine devant les empereurs, et qu'on a tort de célébrer sa mémoire. D'abord, je ne l'ai relevée que dans la mesure de la vérité. Puis, on le comprend assez, ce n'est pas d'après ses faiblesses passagères qu'on caractérise un homme. Quelle gloire alors pourrait rester debout?

Chacun sait ce qu'étaient, aux siècles de la

littérature impériale, les panégyriques officiels. Virgile, Horace, Lucain, Claudien, et beaucoup d'autres avaient autrement abaissé la dignité humaine, en décernant aux Césars des hommages qui n'étaient dus qu'à la divinité. La tradition littéraire avait accoutumé la poésie à ce langage; soyons indulgents pour un poète qui se conformait à des usages consacrés par de si grandes autorités.

D'ailleurs, il ne faut pas l'oublier, Sidoine Apollinaire regretta plus tard ses poésies de courtisan. Quand il fut parvenu à l'épiscopat, il s'opéra en lui une transformation qui commande le respect et défie la critique.

Homme du monde, il fut bon, généreux, aimable, libéral; évêque, il eut des qualités et des vertus dont l'ensemble constitue la sainteté. Et encore cette sainteté est-elle appelée « magnifique » par Grégoire-de-Tours, le témoin le plus sincère que nous puissions invoquer.

Qu'on jette un regard impartial sur son épiscopat; qu'on envisage sa vie humble et forte; son courage, son désintéressement, quand il n'hésite pas à se dévouer pour sa province; le patriotisme avec lequel il défend les libertés et l'indépendance de l'Auvergne; qu'on le considère sur les remparts de la cité, rassurant ses concitoyens, et protégeant avec Ecdice leurs vies et leurs biens contre la fureur des Visigoths; qu'on se rappelle les services qu'il rendit aux lettres, dans un siècle où elles étaient si menacées; qu'on se représente sa charité inépuisable envers les pauvres; qu'on se figure enfin le peuple de la ville d'Auvergne envahissant la cathédrale où il s'était fait transporter pour y mourir, et criant dans les larmes d'une filiale douleur : « *Notre Père, pourquoi nous laissez-nous orphelins!* » et je dirai à ceux qui se connaissent en hommes : est-ce donc là, la vie d'un brigand ou d'un déclamateur?

Non, Sidoine Apollinaire ne fut rien de cela : il fut, je l'ai dit (1), et je le répète, un ouvrier intelligent et utile dans l'œuvre de régénération qui s'accomplit au ve siècle. Ses qualités naturelles jetèrent dans l'épiscopat un éclat nouveau. Sa charité, sa douceur, son urbanité s'allièrent à une sage fermeté, et firent de son caractère un de ces caractères d'évêque qui ont droit à la vénération de leurs contemporains et de la postérité.

(1) *Saint Sidoine Apollinaire et son siècle*, t. II, p. 587.

II.

Sidoine Apollinaire écrivait dans un siècle où les Barbares envahissaient tout, la politique, les mœurs, les lettres. Malgré ses efforts pour rester fidèle aux traditions de la pure latinité, il est obscur, rude, inculte. Le germanisme et la romanité essaient chez lui de parler une même langue, mais les accents de sa première origine ne vous arrivent qu'à travers le bruit des assonances, des néologismes, des hyperboles, des antithèses et des métaphores. Il court après les jeux de mots; il est subtil, enflé, prétentieux. Le fond de ses pensées est celui d'un écrivain nourri des leçons de l'antiquité classique; mais à la surface, l'étrange barbarie des formes, les afféteries, les recherches du bel esprit, les allitérations multipliées avec un soin puéril, tout cela donne à la prose de Sidoine Apollinaire un caractère qui n'a jamais été celui des lettres latines dans les siècles qu'elles ont immortalisés (1).

(1) *Saint Sidoine Apollinaire et son siècle*, t. II, p. 512.

Cette critique impartiale, je l'ai faite et reproduite en maints passages, et, pourtant, on a prétendu que je comparais Sidoine Apollinaire à Horace et à Anacréon. Je sais ce qu'il y a d'abandon et de délicatesse dans Anacréon, ce qu'ont de grâce et de finesse, les poésies d'Horace; mais jamais il ne m'est venu à l'esprit d'établir le moindre parallèle entre Sidoine et ces deux poètes.

Après avoir relevé les défauts de l'écrivain, l'absence si fréquente, dans ses œuvres, de naturel et de grâce, j'ai ajouté qu'on y voyait rarement briller un reflet des beautés simples qui donnent à la poésie son vrai charme (1).

Il est pourtant des vers, où sous une forme barbare, ce charme respire, et après avoir tant de fois reproché à Sidoine ses subtilités, ses prétentions, ses hyperboles, j'ai tenu à constater le naturel et l'absence de recherche.

Une fois, Sidoine Apollinaire se trouvait à Arles : il est invité à un festin avec d'autres familiers de la cour de Majorien, poètes comme lui. Au milieu du repas, on s'avise d'improviser des vers sur un ouvrage de Pétrus, se-

---

(1) *Saint Sidoine Apollinaire et son siècle*, t. I, passim.

crétaire d'état de l'empereur. Dans sa verve, Sidoine fait entendre ces accents :

« Célébrons, ô mes amis, la douce fête des
» lettres. Que ce jour, à son déclin, se termine
» dans la joie, au milieu des mets, des coupes
» et des chœurs. Apportez les coussins de lin,
» apportez la pourpre resplendissante que l'onde
» mélibéenne embellit dans l'airain pétillant d'une
» couleur riche et pure...; que la table soit cou-
» verte d'un lin plus blanc que la neige; qu'on
» la charge de lauriers, de lierres et de pampres
» verdoyants. Remplissez de cytise, de safran,
» d'amelle, de romarin, de troène, de souci,
» les larges corbeilles, et entourez de guirlandes
» parfumées le buffet et les lits... (1) »

Dans une autre circonstance, Sidoine Apollinaire, sur le point d'arriver à Bordeaux, envoie à Lampride un petit billet en vers. On y lit :
« Dépose quelque temps ta lyre, ô ma muse,
» noue avec un vert bandeau ta chevelure flot-
» tante, et que le lierre flexible ceigne ta vaste
» robe aux replis sinueux... Souviens-toi de vi-
» siter mon Orphée qui, chaque jour, par la
» douceur et l'harmonie de ses chants, charme

---

(1) *Sidon. Apollin.*, Carm. IX.

» les rochers et les bois, et adoucit les cœurs les
» plus durs...

» Dis-lui, Phébus arrive, il descend de la poste,
» il frappe de ses rames la rapide Garonne. Il or-
» donne que tu ailles à sa rencontre, mais après
» lui avoir aussitôt préparé un logement. Dis aussi
» à Léonce que Livie tira d'une ancienne famille
» sénatoriale : Phébus arrivera bientôt. Vois en-
» suite l'aimable Rusticus, qui n'a de rustique
» que le nom. Et si leurs demeures déjà occupées
» ne peuvent me recevoir, cours aussitôt à la
» maison des évêques, et après avoir baisé la
» main du vénérable Gallicin, demande-lui à
» séjourner quelque peu sous son toit (1). »

J'ai dit, au sujet de ces deux passages, qu'il s'y révélait une certaine grâce qui rappelait un peu celle d'Horace et d'Anacréon (2). Il faudrait être bien puriste pour ne pas le reconnaître ; mais il faudrait ne l'être pas assez pour dire que la phrase de Sidoine Apollinaire est *vieillotte*. On voit bien, dans sa latinité, des signes réels de décomposition et de décadence ; mais on sent aussi fermenter la sève d'une littérature

---

(1) *Sidon. Apollin.*, Epist., VIII, 11.
(2) *Saint Sidoine Apollinaire et son siècle*, t. 1, p. 130.

pleine de jeunesse, et où germent, au milieu des ruines, les idiomes qui formeront nos langues européennes.

On avait lu sans doute à la hâte *Saint Sidoine Apollinaire et son siècle*, quand on a dit que je mettais son talent au niveau de celui de deux autres poètes appartenant aux beaux âges des lettres grecques et latines. Un tel parallèle portait évidemment à croire qu'il n'y avait pas eu de critique sérieuse de la part de l'auteur. Mais ici une chose essentielle manque, la vérité, et sans elle que sont les jugements et les conclusions d'un rapport?

Mon dessein n'a pas été de faire ressortir les talents de Sidoine comme poète, mais de le représenter tel qu'il était, avec ses défauts littéraires, et avec les rares beautés qui parent ses ouvrages. Sans partager la crédule admiration de quelques-uns de ses contemporains qui parlaient de lui, comme ils auraient parlé de Virgile; j'ai dit, et on peut l'affirmer avec raison, qu'il fut un des beaux esprits du cinquième siècle. Sa poésie, si souvent obscure et barbare, offre parfois des élans d'une remarquable vigueur, comme dans la prosopographie où l'Afrique s'adresse en ces termes à Rome, au sujet de Genséric.

« Je viens, dit-elle, déplorer mes maux qui
» font le bonheur d'un seul mortel. Enfant d'une
» ville esclave, ce pirate, aujourd'hui que mes
» maîtres ne sont plus, écrase mon sol sous le
» poids d'un sceptre barbare; mes plus nobles
» fils ont fui devant sa fureur, car cet étranger
» déteste tout ce qui n'est pas vandale. O Latium!
» ta valeur serait-elle assoupie? Le barbare! il
» se réjouit d'avoir surpris tes murs, et tu n'agites
» pas ta lance! Insensible à mon sort, le serais-
» tu au tien? Oh! ne pense pas que mes désastres
» rendent tes destins plus heureux, et que la
» grandeur s'élève sur mes ruines. Dissipe plutôt
» tes craintes, si tu veux la victoire, hasarde les
» combats (1). »

Assurément, ces vers ont de la force, et je peux dire qu'ils rappellent quelques souvenirs de l'Iliade, sans encourir l'accusation de faire de Sidoine un autre Homère.

Il est dans ses écrits un autre passage d'une beauté réelle où respire une âme élevée et patriotique. On va livrer l'Auvergne à Jules-Népos : Sidoine l'apprend. L'amour de la patrie lui arrache ce cri de douleur.

(1) *Sidon. Apollin.*, Carm., V, v. 56-66.

» Je ne puis, écrit-il à Græcus de Marseille,
» supporter le poids de ma tristesse. Dans notre
» malheureux pays, les choses en sont venues à
» un tel point que, d'après les bruits qui courent,
» notre sort aura été meilleur pendant la guerre
» qu'il ne l'est pendant la paix. Au prix de notre
» esclavage, on a acheté la sécurité des autres.
» O douleur! on oserait vouer les Arvernes à la
» servitude. Si on fouille dans leur passé, on
» voit qu'ils osèrent jadis se vanter d'être frères
» des Latins, et d'être issus comme eux du sang
» troyen. Si on jette les yeux sur le présent, ce
» sont eux qui, réduits à leurs propres forces,
» ont arrêté les armes de l'ennemi commun ; ce
» sont eux qui ont jeté plus d'une fois la terreur
» dans le camp de ces barbares ; ce sont eux enfin
» qui, contre les armées de leurs voisins, ont
» rempli le rôle de chef et de soldat... Voilà donc
» ce qu'il nous a valu d'avoir bravé la faim, le
» fer, le feu, la peste, d'avoir rougi nos glai-
» ves du sang ennemi, et d'avoir usé nos corps
» par les jeûnes et les combats ! Voilà donc cette
» noble paix qui nous attendait, lorsque, pour
» calmer une faim dévorante, nous arrachions
» les herbes entre les crevasses de nos murs. Pour
» tant d'actes de bravoure et d'héroïsme, si je

» suis bien informé, on nous sacrifie. Repoussez
» ce traité, je vous en conjure, il n'est ni utile,
» ni glorieux... Employez tout ce que vous pos-
» sédez d'influence pour empêcher la conclusion
» d'une paix si honteuse. S'il faut encore sou-
» tenir un siége, s'il faut combattre et endurer
» la faim, nous le ferons avec plaisir. Mais si
» nous sommes livrés, nous qu'on n'a pu avoir
» de vive force, la postérité saura que c'est à la
» lâcheté de vos conseils qu'il faudra imputer
» cette honte.

» Pourquoi m'abandonner à l'excès de ma
» douleur! Excusez plutôt notre affliction, et
» pardonnez à notre désespoir. Les autres pays
» qui ont été cédés n'attendent que l'esclavage;
» les Arvernes attendent le supplice. Si vous ne
» pouvez plus rien au sort affreux qui nous me-
» nace, faites au moins par l'assiduité de vos
» prières qu'elle vive encore la race de ceux dont
» la liberté va mourir. Préparez des terres pour
» les exilés, des rançons pour les captifs, des
» vivres pour les pèlerins. Quand nos murailles
» seront ouvertes à nos ennemis, que les vôtres
» ne soient pas fermées pour l'hospitalité (1). »

(1) *Sidon Apollin.*, Epist., VII, 7.

Voilà les sentiments d'une grande âme exprimés avec une éloquence virile. Je ne sais si, au vᵉ siècle, on a écrit une plus belle page. Mais l'éloquence est de tous les temps, et de nos jours il faudrait plaindre ceux qui ne seraient pas capables de sentir un tel langage.

Quand on veut juger Sidoine Apollinaire, c'est là l'évêque qu'il faudrait ne pas perdre de vue, l'évêque protégeant contre les Barbares la liberté de la province confiée à sa garde spirituelle, et opposant à la servitude dont on menace son peuple la résistance qui se rencontre dans une foi vive, dans une volonté ferme, dans un esprit sûr et un cœur capable des plus généreux élans.

M. le rapporteur n'a pas compris comment Sidoine Apollinaire a pu devenir évêque, malgré les liens contractés avec Papianille. Ce sont des choses élémentaires, en matière de discipline religieuse, et je ne pouvais les expliquer avec plus de clarté, lorsque j'ai dit (1) : « Sidoine Apolli-
» naire eut de nouveaux devoirs à observer dans
» ses rapports de famille. S'il lui était permis de
» continuer ses soins de père envers ses enfants,
» l'Eglise lui interdisait ses rapports d'époux avec

(1) *Saint Sidoine Apollinaire et son siècle*, t. 1, p. 456.

» Papianille; car, en vertu d'une discipline qui
» remontait aux âges apostoliques, elle imposait
» la continence à ceux qui s'engageaient dans le
» sacerdoce. »

Ces exemples étaient fréquents dans les premiers temps du christianisme. Bien des évêques furent engagés dans les liens de la famille, avant d'être à la tête des Eglises. Une fois dans le sacerdoce, ils se vouaient à la continence, et donnaient leurs soins avec leur cœur à la famille spirituelle dont ils avaient la conduite.

Tel fut Sidoine Apollinaire dans l'épiscopat : on le vit constamment à son devoir. Il devint une des lumières de l'Eglise gallo-romaine, et fut un des pontifes les plus illustres qui siégèrent sur la chaire des Austremoine et des Allyre.

III.

J'arrive au rapport de la Commission. Son auteur, adoptant l'opinion émise dans le premier rapport, a cru au parallèle imaginaire dont j'ai parlé, et il a reproché l'absence de critique à l'ouvrage de *Sidoine Apollinaire et son siècle.*

Il est inutile de revenir sur l'inexactitude de cette appréciation.

Adoptant sans doute les jugements qu'on trouve dans des œuvres de seconde main, et qui le plus souvent reposent sur une synthèse non approfondie, M. le rapporteur a prétendu que le sujet de Sidoine Apollinaire était loin d'avoir l'importance qu'on lui a donnée, et qu'il fallait retrancher les trois quarts du cadre dans lequel on a dépeint la figure du grand évêque.

Est-il besoin de rappeler que l'Académie de Clermont a jugé la mémoire de Sidoine Apollinaire digne de figurer au premier plan du tableau politique, religieux et littéraire de son siècle? Ce serait faire entendre qu'aux yeux de M. le rapporteur, elle a cédé à un sentiment d'admiration irréfléchie pour une de nos célébrités.

Pour émettre des jugements éclairés sur de telles matières, il faut avoir fait, on en conviendra, une étude spéciale de cette époque, et du personnage qui en fut un des représentants les plus considérables.

L'horizon de l'histoire est comme celui de la science; il ne s'élargit que par de longues et consciencieuses études. Il en faut surtout pour éclairer le cinquième siècle, si émouvant, si dramatique, mais si pauvre en documents originaux.

Quoi qu'il en soit, la figure de Sidoine Apollinaire présente un intérêt exceptionnel, à quelque point de vue qu'on l'envisage, politique, moral, littéraire ou religieux.

Dans le monde impérial, gallo-romain, barbare, il apparaît mêlé aux plus graves événements. Il voit de près les empereurs qui se succèdent au milieu de tragiques aventures, et pénètre dans l'intimité de leurs cours; il assiste comme témoin aux révolutions et aux déchirements de la Gaule romaine; il est en communication avec les Barbares, et décrit leurs mœurs dans des pages que l'histoire s'est empressée de recueillir et de consulter.

Dans le monde littéraire, il est le bel esprit du temps; il correspond avec les philosophes, les orateurs, les grammairiens, les poètes. Ses œuvres sont des plus instructives, et, sans elles, il est impossible de connaître la vie littéraire de son époque.

Dans les relations sociales, son commerce est étendu : il voit, il fréquente le grand monde de la Gaule impériale. Par lui, nous sommes initiés aux mœurs, aux pratiques journalières du patriciat, nous vivons avec cette aristocratie gallo-romaine, dont ses lettres nous ont conservé même les noms.

Dans le monde religieux, il est incontestablement un des pontifes remarquables de la Gaule chrétienne, et l'Eglise le vénère à bon titre, comme un des évêques dont les lumières et le dévouement lui firent le plus d'honneur.

D'ailleurs, c'est surtout par le jugement de ses contemporains qu'on peut apprécier la valeur de Sidoine Apollinaire. Or, les hommes les plus accrédités par le savoir et les vertus, Loup de Troyes, Claudien Mamert, Gennade, Grégoire de Tours, et beaucoup d'autres parlent de sa sainteté et de sa science dans des termes sur le sens desquels il est impossible de se méprendre, à moins qu'on ne veuille faire de l'histoire contre l'histoire.

La postérité a jugé Sidoine Apollinaire comme l'ont jugé ses contemporains. D'un côté, l'Eglise a perpétué le culte de sa mémoire, de l'autre les lettres n'ont pas oublié les services qu'il leur a rendus.

En appréciant la valeur morale et littéraire de Sidoine Apollinaire, je crois être resté dans les limites d'une équitable critique. Loin de prétendre avec Pierre-le-Vénérable qu'il était l'homme le plus savant de son temps; loin d'avancer, avec le président d'une de nos assemblées politiques de 1791, qu'il en était le plus grand homme; j'ai dit, sans admiration exclusive, ce qu'on sait de lui par la discussion des documents les plus authentiques. Les preuves ont été données, les témoignages cités, et ma conclusion a été que Sidoine Apollinaire fut, dans la dernière période de l'empire romain, un des plus célèbres représentants de la civilisation, des lettres et de l'Eglise. Il était permis de l'envisager ainsi avec de graves historiens, dont le témoignage fait autorité, quand il s'agit des révolutions et des hommes de la fin de l'empire.

Assurément, on est libre d'admettre un sentiment contraire, mais il faut du moins en donner quelques preuves, et l'établir sur des documents sérieux.

M. le rapporteur a indiqué les moyens de restreindre le cadre où a été tracée la figure de Sidoine Apollinaire. Il aurait voulu qu'on omît beaucoup de détails sur les mœurs des cours barbares, et sur les habitudes du patriciat gallo-romain.

Eh quoi! les écrivains qui, dans de plus larges études, touchent à ces matières, empruntent à Sidoine Apollinaire les portraits si curieux de quelques chefs barbares, les descriptions de leurs cours, les traits originaux avec lesquels il a dépeint la vie intime et sociale de l'aristocratie gallo-romaine; et on voudrait que, dans une œuvre où on en traite particulièrement, on omît la plupart de ces scènes, et cela, dans un drame historique où Sidoine Apollinaire est témoin et le plus souvent principal acteur !

Le sentiment des proportions ne peut admettre une pareille critique ; elle manque encore de discernement sur un autre point.

Il s'agit d'une élection épiscopale à Bourges. Sidoine Apollinaire est l'orateur et l'âme de l'assemblée. Le fait est important pour la science de la discipline ecclésiastique. Aucun historien, dans des œuvres de longue haleine, n'a esquissé l'histoire religieuse de l'année 472, sans donner les faits, tels que nous les connaissons par Sidoine Apollinaire, et on trouve étrange qu'une histoire spéciale les ait fidèlement reproduits !

Enfin, M. le rapporteur est d'avis qu'il y a dans *Sidoine Apollinaire et son siècle*, une foule de noms et de personnages *parfaitement dignes de l'oubli.*

Qui sont-ils ?

Sont-ce les évêques que j'ai nommés, et qui, en ces temps de dissolution générale, travaillaient avec Sidoine Apollinaire, dans un héroïque effort, au salut de la société et de la patrie ?

Sont-ce les philosophes, les historiens, les grammairiens, les poètes, et même les moines qui, avec Sidoine Apollinaire, gardaient le flambeau de la civilisation et des lettres, tandis que les Barbares menaçaient de l'éteindre ?

Sont-ce les préfets de la Gaule, ces seigneurs de l'Aquitaine, de la Narbonnaise, de la Viennoise, dans le commerce desquels vécut Sidoine Apollinaire, et dont la vie reflète si bien les habitudes sociales du ve siècle ?

Sont-ce les hommes du peuple, clients, vassaux, pauvres, opprimés, que secourut Sidoine Apollinaire, et dont il importait de mettre au jour les souffrances et les mœurs pour satisfaire aux exigences de l'histoire ?

Sont-ce les professeurs de philosophie, de rhétorique, de poésie qui correspondaient avec Sidoine Apollinaire, et qui, à Lyon, à Bordeaux, à Vienne, à Clermont, perpétuaient le goût des lettres, au sein de la jeunesse gauloise?

Sont-ce les saints que vénéra Sidoine Apollinaire, et dont les vertus austères et aimables forment dans le tableau de la société impériale, le plus saisissant contraste avec la corruption romaine et barbare?

Non, tous ces hommes ont accompli une tâche utile; les vouer à l'oubli, serait méconnaître des services réels. Relever leur mémoire, c'est relever la gloire d'un pays, et honorer l'humanité.

L'histoire surtout doit beaucoup à Sidoine Apollinaire. Ses écrits sont ce que nous avons de plus instructif et de plus original sur cette époque obscure, et pour y voir clair, un historien doit les étudier à fond, à moins qu'il ne répudie l'esprit d'analyse, sans lequel les synthèses historiques manquent de réalité et de profondeur.

Après les attaques dirigées contre Sidoine Apollinaire, dans une ville où sa mémoire reçoit la vénération publique, qu'il soit permis de rappeler l'hommage que je lui rendais à la fin de son histoire (1). Ce sera accomplir un acte de reconnaissance et de justice.

(1) *Saint Sidoine Apollinaire et son siècle*, t. II, p. 401.

« Par son action, sa vie, ses exemples et ses
» écrits, Sidoine Apollinaire servit trois grandes
» causes, les plus belles et les plus grandes de
» l'humanité : la religion, la civilisation et les
» lettres.

» S'il ne fut pas un de ces pontifes thauma-
» turges dont la Gaule, dans ses généreux ins-
» tincts, vulgarisa la gloire et immortalisa les
» vertus, il fut un évêque dévoué à son peuple,
» appliqué à son devoir, et dévoré d'un véritable
» zèle pour tout ce qui pouvait contribuer à son
» salut et au bonheur des autres. Sans doute, il
» ne doit pas être comparé à un Martin de Tours,
» à un Hilaire de Poitiers, qui durent, l'un à
» une sainteté éminente et populaire ; l'autre à
» un génie et à une sûreté de doctrine qui fai-
» saient revivre Athanase une mémoire que les
» siècles révèrent, et dont l'image rayonne d'un
» si pur éclat sur le berceau de la chrétienté
» gallo-romaine. Mais si l'Eglise de Troyes vante
» Loup, son pieux et docte évêque ; si l'Eglise
» de Lyon célèbre les libéralités de Patient, si
» celle de Reims exalte le pontificat de Remi,
» et celle de Vienne le zèle vigilant de Mamert,
» il est permis à l'Eglise d'Auvergne de citer,
» avec une douce et légitime fierté, Sidoine

» Apollinaire, l'évêque docte, libéral, zélé et
» vigilant.

» Il fut aussi un ouvrier actif dans cette œuvre
» de la civilisation que Dieu et ces siècles ont
» remise à la main de l'homme. Pendant que la
» corruption romaine et la barbarie victorieuse
» menaçaient d'engloutir dans un abîme com-
» mun la vertu, l'honneur, la conscience et la
» liberté, il mit avec d'autres la main sur ce dé-
» pôt des grandes et nobles traditions, pour la
» préserver de la fureur de ceux qui, ne voulant
» que faire des ruines, confondaient dans une
» haine égale la société, l'Eglise, la morale et la
» loi.

» En un temps où les lettres étaient si souvent
» contraintes de se cacher ou de fuir, il les cul-
» tiva, les protégea, et en répandit les lumières
» par tous les moyens que lui suggérait la douce
» passion que, de si bonne heure, elles lui
» avaient inspirée.

» La mémoire de Sidoine Apollinaire ne sera
» donc jamais une mémoire indifférente : dans
» la sage mesure qui lui revient, elle a droit aux
» hommages de l'Eglise, à la reconnaissance du
» pays et à celle des lettres. On ne lui refusera
» pas une place dans l'histoire des hommes cé-

» lèbres de son temps ; il faudra le nommer,
» quand on voudra signaler ceux qui, au cin-
» quième siècle, furent pour l'humanité un hon-
» neur et un salut.

» Mais à nulle autre province, Sidoine ne doit
» être plus cher qu'à celle du Lyonnais où il vit
» le jour, et qu'à celle d'Auvergne où s'écoula
» la plus grande partie de sa vie. Si jamais les
» villes de Lyon et de Clermont, jalouses de
» compter leurs gloires, rendaient un honneur
» public à leurs grands hommes, à ceux qui,
» par leurs talents et leurs mérites, ont efficace-
» ment contribué à l'illustration de leur pays,
» elles devraient une statue à Sidoine Apolli-
» naire, ce fils commun dont la gloire rejaillit
» sur leurs murs avec un éclat semblable. »

IV.

Pendant que j'écrivais ces pages, j'ai reçu le rapport imprimé de la Commission. Les jugements que je viens de réfuter en ont été retranchés. Je m'empresse de rendre hommage à l'esprit d'équité qui a inspiré cette mesure.

Malgré le retentissement qu'a eu le rapport lu

en séance publique, j'aurais gardé le silence. Mais le rapport imprimé contient l'accusation la plus grave qui puisse atteindre le caractère d'un écrivain, et cette attaque ne peut rester sans réponse.

M. le rapporteur déclare que l'auteur s'est retranché derrière ses sentiments personnels et ses convictions religieuses, afin *d'envisager quelques points, autrement* qu'ils n'auraient dû l'être. Il fait entendre que c'était *une tâche ardue et très-délicate* de dire la vérité tout entière, et qu'il y avait *dans la position particulière de l'écrivain des exigences qu'il est juste de respecter*.

De tels jugements ne peuvent être acceptés. Aucune position n'impose à celui qui cultive les lettres la tâche de les avilir, en sacrifiant le vrai, unique principe de leur beauté et de leur influence. Et s'il en était une, assurément ce ne serait pas celle du prêtre, à qui rien ne doit être aussi cher que la vérité. Aussi, je l'ai dite, telle que l'enseigne l'histoire, et on ne pourrait, sans la corrompre, présenter les faits autrement, tant je me suis attaché à prendre pour base de mes récits et de mes considérations, des documents irrécusables.

Dans la préface de *Saint Sidoine Apollinaire et son siècle*, après avoir indiqué les sources, et cité les auteurs contemporains, j'ai dit que parfois je m'étais inspiré de la lecture de leurs écrits, dans la mesure pourtant de mes sentiments personnels et de mes convictions historiques et religieuses.

Ne voit-on pas que, dans une étude spéciale et approfondie de *Sidoine Apollinaire et son temps*, on puisse se faire une opinion, même contraire aux sentiments des auteurs dont on a consulté les écrits ?

Voici un fait concluant. Un écrivain assez connu, M. Philarète Chasles, met en l'année 460, et à Clermont, une scène qui s'est passée au tombeau de Syagrius, près de la crypte de Saint-Just, dans le voisinage de l'ancienne église des Machabées. Il prétend que Sidoine Apollinaire, alors mêlé à ces amusements bruyants et profanes, était évêque de Clermont. Or, il est démontré par des documents incontestables qu'il n'y a jamais eu à Clermont, ni tombeau de Syagrius, ni crypte de Saint-Just, ni église des Machabées. Il est aussi certain que Sidoine Apollinaire n'a été nommé évêque qu'en 471. Pour avoir affirmé une opinion contraire à celle de M. Philarète

Chasles, ai-je envisagé ce point *autrement* qu'il n'aurait dû l'être? Pour être sincère, aurait-il fallu admettre, contre l'évidence historique, que Sidoine Apollinaire était évêque en 460, lorsqu'il ne le fut que onze ans plus tard? La Commission et M. le rapporteur comprendront qu'une telle discussion ne se soutient pas.

En second lieu, quoi d'étonnant, si j'ai suivi mes convictions religieuses, dans les considérations sur l'état de la société, et dans les questions agitées de la dogmatique chrétienne, du spiritualisme et du semi-pélagianisme!

D'abord, mes convictions reposent sur les plus solides démonstrations, et, assises elles-mêmes sur la vérité, elles n'exigent pas assurément qu'on leur en fasse le sacrifice.

Comment ensuite l'étude du ve siècle les mettait-elles en péril? Si, au lieu de trouver dans Loup de Troyes, Aignan d'Orléans, Remi de Reims, Patient de Lyon, Mamert de Vienne, et Sidoine Apollinaire, de dignes pontifes, on eût rencontré des évêques infidèles à leurs devoirs, leur mémoire aurait eu à en souffrir; mais quelles fâcheuses conséquences devaient en résulter pour les convictions de l'historien? La religion est au-dessus des faiblesses humaines, et aux yeux des profonds penseurs, elle est d'autant plus divine qu'elle subsiste, malgré les imperfections de ceux qui, par état, devraient le plus l'honorer.

Enfin, peut-on soutenir que, pour être exact, il fallait se livrer à d'autres considérations que celles où je constatais les services rendus par l'Eglise, et envisager autrement les questions philosophiques et religieuses? Mais, pour peu qu'on étudie impartialement la mission que l'Eglise remplit, au ve siècle, envers la société et les lettres, on voit qu'elle fut en parfait accord avec la civilisation morale, avec le développement intellectuel des esprits et le bonheur des peuples. Quand j'ai établi, contre des écrivains célèbres de nos jours, que le spiritualisme était la doctrine de l'Eglise, qu'on avait confondu le pélagianisme avec les erreurs semi-pélagiennes, qu'il y avait dans leurs écrits des assertions inexactes; c'est l'histoire philosophique et théologique de cette époque qui m'a porté à tirer ces conclusions.

Et maintenant où sont, je le demande à mon tour et à bon droit, où sont les preuves qui démontrent que j'ai incliné, en certains points, vers l'erreur? Si l'affirmation a été gratuite, ne faudra-t-il pas reconnaître qu'on a manqué de discernement, de savoir et de critique ?

Personne ne peut admettre que les *exigences*, dont parle M. le rapporteur, méritent quelque respect. Si jamais de pareilles *exigences* m'étaient imposées, loin de les regarder comme respectables, je les trouverais humiliantes. La tâche ne serait pas seulement *ardue et très-délicate :* elle serait impossible, car elle demanderait le sacrifice de deux choses auxquelles mes convictions me font elles-mêmes attacher le plus grand prix, la justice et la vérité.

Du reste, l'écrivain qui s'inspire de l'esprit et des lumières de l'Eglise, est parfaitement à l'aise sur le terrain de l'histoire, et sur celui de la science.

En histoire, quand il voit, au milieu des siècles, se dérouler le spectacle des vertus de l'Eglise, quand il lui est donné de contempler la foi de ses martyrs, le génie de ses docteurs, et les merveilles produites sous son inspiration, il n'a qu'à rester sincère pour lui payer le tribut de son admiration.

Sur le terrain de la science, on le sait assez, l'Eglise laisse les esprits à leurs recherches, elle les encourage, les éclaire par ses enseignements sur les premiers principes de l'ordre naturel et social; elle n'oppose une barrière à leurs sublimes inquiétudes que lorsqu'ils touchent à l'ordre surnaturel où, de la part de Dieu, elle exerce le monopole de la doctrine.

M. le rapporteur veut bien dire en terminant que *Sidoine Apollinaire et son siècle* est une œuvre utile, qui mérite l'estime des savants et les suffrages de mes compatriotes.

Mes compatriotes sont trop amis de la vérité, pour accorder leur estime à une œuvre qui ne l'aurait pas constamment respectée. Ils ont regardé avec raison la vie de Sidoine Apollinaire comme une de ces vies dont un pays s'honore, et qui ont droit au respect de la postérité, et ils ont couronné son Histoire, parce qu'elle leur a paru avant tout consciencieuse et fidèle.

Je termine. Sidoine Apollinaire fut, à son époque, un représentant éclairé de la civilisation chrétienne, il fut une des gloires de la Gaule catholique, un des plus célèbres pontifes de l'Auvergne : à ces divers titres, je tenais à réhabiliter sa mémoire. Je le devais aussi à la paroisse de Saint-Genès-les-Carmes, où son nom vit sous les auspices d'un culte dix fois séculaire.

Si jamais certains esprits essaient encore de contester la valeur morale de Sidoine Apollinaire, il est du moins, je le répète (1), un honneur qui ne lui manquera pas : c'est l'hommage que rendent à la sagesse et au savoir, au fond de leurs âmes éclairées et sincères, ceux qui, dans quelque pays qu'ils aient vu le jour, savent vénérer toute vie qui, après de généreux efforts, a su s'élever et se maintenir à la hauteur du devoir et de la sainteté.

(1) *Saint Sidoine Apollinaire et son siècle*, t. 1, p. 403.

Clermont, typ. Ferd. Thibaud.

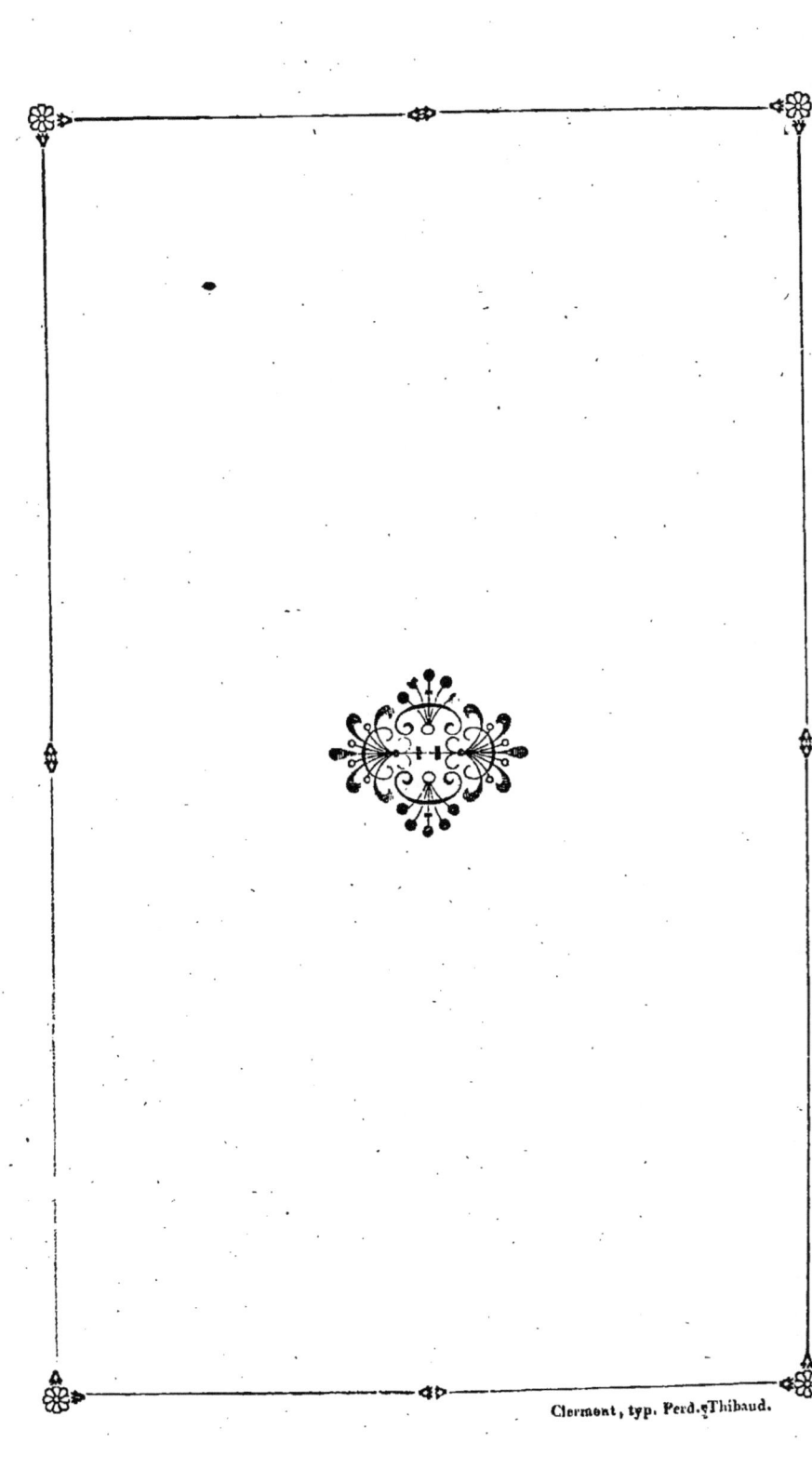

Clermont, typ. Ferd. Thibaud.

www.ingramcontent.com/pod-product-compliance
Lightning Source LLC
Chambersburg PA
CBHW070708050426
42451CB00008B/555